1874. 26 Mai

CATALOGUE

ESTAMPES

ANCIENNES

Par et d'après les Maîtres des différentes Écoles

IMPRESSIONS EN NOIR ET EN COULEUR

DESSINS ANCIENS ET MODERNES

ÉCOLE MODERNE

LITHOGRAPHIES. EAUX-FORTES, DES MEILLEURS ARTISTES

Portraits, Pièces historiques, Albums, Vues, Caricatures, Costumes
Vignettes, etc.

2,000 PIÈCES ENVIRON

Seront vendues par lots nombreux

DONT LA VENTE AURA LIEU

HOTEL DES VENTES, RUE DROUOT

SALLE N° 7

Le Mardi 26 Mai 1874

À UNE HEURE

Par le ministère de Mᵉ **LAFONTAINE**, Commissaire-Priseur,
rue d'Hauteville, 65.
Assisté de **M. BODIN**, Expert, boulevart des Batignolles, 29.

PARIS — 1874

V^{es} RENOU, MAULDE et COCK

IMPRIMEURS DE LA COMPAGNIE DES COMMISSAIRES-PRISEURS

Rue de Rivoli, 144.

CATALOGUE

ESTAMPES

ANCIENNES

Par et d'après les Maîtres des différentes Écoles

IMPRESSIONS EN NOIR ET EN COULEUR

DESSINS ANCIENS ET MODERNES

ÉCOLE MODERNE

LITHOGRAPHIES, EAUX-FORTES, DES MEILLEURS ARTISTES

Portraits, Pièces historiques, Albums, Vues, Caricatures, Costumes
Vignettes, etc.

2,000 PIÈCES ENVIRON

Seront vendues par lots nombreux

DONT LA VENTE AURA LIEU

HOTEL DES VENTES, RUE DROUOT

SALLE N° 7

Le Mardi 26 Mai 1874

A UNE HEURE

———

Par le ministère de M° **LAFONTAINE**, Commissaire-Priseur,
rue d'Hauteville, 65.
Assisté de **M. BODIN**, Expert, boulevart des Batignolles, 29.

———

PARIS — 1874

CONDITIONS DE LA VENTE

—

Elle sera faite au comptant.

Les Acquéreurs paieront CINQ POUR CENT, en sus des
enchères.

DÉSIGNATION

DES

ESTAMPES

1 — **Bartolozzi.** Différents Sujets de forme ronde. 10 pièces.

2 — **Bartolozzi** et **Hamilton.** Les Saisons et autres Compositions, en couleur. 12 pièces.

3 — **Bérain.** Arabesques. 11 pièces.

4 — **Berghem.** Paysages. 9 pièces.

5 — **Bervic.** Le Repos, d'après Lépicié.

6 — **Bol (Jean).** Les Mois de l'année. Suite de 12 pièces.

7 — **Both,** d'Italie. Paysages. 8 pièces.

8 — **Boucher.** La Lecture. — L'Amour puni par Avril. d'après Borel. 2 pièces.

9 — **Boucher.** Livre des Arts. — Compositions d'enfants. 6 pièces.

10 — **Boucher.** Compositions chinoises pour paravents. 12 pièces.

11 — **Boucher.** Compositions propres aux artistes, dans la manière du crayon, 25 pièces.

12 — **Boucher.** Ornements pour meubles, arabesques, etc. 14 pièces.

13 — **Boucher, Pillement, Ruysdaël.** Paysages. — Marines. 15 pièces.

14 — **Boucher et Huët.** 9 pièces, dans la manière du crayon.

15 — **Boucher et autres.** Le Tribut de la Reconnaissance. — Amusement de la jeunesse. — Le Maréchal-Ferrant de la Vendée, etc. 6 pièces.

16 — **Caricatures coloriées.** 17 pièces.

17 — **Chardin et Greuze.** — Annette et Lubin. — Le Bénédicité. — La Gouvernante, etc. 12 pièces.

18 — **Compositions** d'après Raphaël et autres maîtres de l'École italienne. 4 pièces.

19 — **Daudet et Joubert** (A Paris, chez veuve). Les différentes malices des Singes. 8 pièces.

20 — **Debucourt** et autres. Intérieur d'une salle à manger, avant la lettre. — Compositions diverses, d'après Prud'hon, etc. 14 pièces.

21 — **Delphe (Jacob).** 5 très-beaux Portraits.

22 — **Divers.** Cinq très-beaux Portraits.

23 — **Divers.** Estampes de l'École de Fontainebleau. 9 pièces.

24 — **Divers.** Portraits anciens. — Souverains. — Artistes. — Musiciens, etc. 12 pièces.

25 — **Divers.** Petits Portraits pouvant servir à l'illustration des livres. 30 pièces.

26 — **École flamande.** Différents sujets. 14 pièces.

27 — **Écoles française et italienne.** — Compositions allégoriques. 8 pièces.

28 — **École française** du xviiᵉ siècle. Compositions d'après Le Poussin, Ch. Lebrun, J. Jouvenet, Ph. Champaigne, etc. 10 pièces.

29 — **École italienne.** Estampes à l'eau-forte et au burin. 6 pièces.

30 — **Estampes allégoriques** de l'époque de Louis XIII. 7 pièces.

31 — **Estampes historiques.** Affiches anciennes. — Cartes de restaurateurs, etc. 32 pièces.

54 — **Portraits** de Mme Deshoulières. — Louis de Fromentières. — Jean Hindret. 3 pièces.

55 — **Portraits** d'Élisabeth-Charlotte d'Orléans. — Rosa Alba Carriera. — Mme de Grignan. 3 pièces.

56 — **Portraits** de Louis XIV. — Louis XV, et autres. 5 pièces.

57 — **Portraits** de personnages marquants des règnes de Henri IV, Louis XIII, Louis XIV, Louis XV et Louis XVI. 24 pièces.

58 — **Portraits** anciens et modernes, gravés et lithographiés. 26 pièces.

59 — **Portraits** d'hommes et de femmes pouvant servir à illustrer des livres in-8. 48 pièces.

60 — **Rembrandt.** Portraits : Sujets de l'Ancien et du Nouveau Testament, etc. 32 pièces.

61 — **Rembrandt** (D'après). Portraits : Sujets tirés de l'Ancien et du Nouveau Testament. 7 pièces.

62 — **Rubens.** L'Ivresse de Silène. — Une Bohémienne avec ses enfants. 2 pièces.

63 — **Savart et autres.** Diane et Endymion. — Le Bouquet déchiré. — La Vertu irrésolue. 3 pièces.

64 — **Silvestre** (Israël). Vues d'Italie et autres. 12 pièces.

65 — **Silvestre.** Divers Paysages dédiés à M. Moreau, premier valet de chambre de Monseigneur le duc de Bourgogne. 7 pièces.

66 — **Vignettes** pour illustrations, d'après Eisen, Marillier, Moreau, etc., etc. 72 pièces.

67 — **Villaména et autres.** 5 pièces.

68 — **Watteau.** Les Délassements de la guerre. — Les Fatigues de la guerre. — Les Enfants de Momus. — La Chute d'eau. 4 pièces.

69 — **Watteau.** Études gravées d'après ses croquis. 15 pièces.

70 — **Weirotter.** Marines et Paysages. 11 pièces.

DESSINS

—

.71 — **Anonymes.** Études de têtes de chérubins (Crayons noir et blanc).—Combattants (Plume).—Académie (Sanguine, etc.). 4 dessins.

72 — **Bloemaert** et autres Maîtres de l'école flamande. 3 Dessins à la plume et au bistre, au crayon noir et à l'aquarelle.

73 — **Carrache** (Louis). Projets pour un monument funéraire. 3 dessins (Plume et bistre).

74 — **Dessins** chinois à l'aquarelle, sur papier de riz. 4 pièces.

75 — **Divers.** Groupes d'enfants. — Sujets de genre. — Portraits. 9 dessins.

76 — **Divers.** Modèles de voitures. 2 dessins lavés à l'aquarelle.

77 — **Écoles flamande et italienne.** 9 dessins.

78 — **École française.** Paysages, Marines, Études. 6 dessins au crayon noir, plume et bistre.

79 — **Everdingen** (Albert Van). Paysages avec figures. 2 dessins de forme ronde équarrie à l'aquarelle.

80 — **Ornements** Louis XIV, Louis XV et Louis XVI. 17 dessins.

81 — **Perrocel** (Charles). Chasse aux lions (Plume et encre de Chine). — Une Halte de soldats (Plume et bistre). 2 dessins.

82 — **Poussin** (Nicolas). Bacchanale (Plume et bistre).

83 — **Udine** (Jean d'). Ornements d'orfévrerie. 8 dessins (Plume et bistre).

84 — Sous ce numéro sera vendu nombre de Dessins non catalogués : Aquarelles, Croquis divers, Fusains, Mines de plomb, Gouaches, Plumes, Sanguines, etc., etc., par et d'après Jean Bérain, Bibiéna, Bazancourt, Bonington, Boucher, Boichot, Callot, Castellan, E. Cicéri, Le Courtois, Coypel, Van Dyck, Demachy, E. Delacroix, Granet, Greuze, Guerchin, Hubert, Hubert-Robert, Jeanron, Lantara, Michallon, Moullin, Pillement, Picart, Roqueplan, Tavernier, Piétro Testa, Thouillier, Waterloo, Watteau, P. Véronèse, etc.

85 — Gravures, Lithographies, Eaux-Fortes, Portraits, Vues, Costumes, Caricatures, Vignettes, OEuvres de Gavarni, Raffet, Charlet, Joseph, Carle et Horace Vernet, etc., etc.

86 — Dix Fusains d'après nature par feu Henry.

87 — Sous ce numéro seront vendues les Gravures encadrées.

88 — Sous ce numéro seront vendus les Dessins. Aquarelles, etc., encadrés.

89 — Sous ce numéro Lots en nombre.

90 — Sous ce numéro les Cartons de la collection.

Vᵉˢ Renou, Maulde et Cock, impʳˢ de la Compagnie des Commissaires-Priseurs, rue de Rivoli, 14. 43877